# Contents...

### Chapter 1　タティングレースの基本

1. タティングレースとは ……………… 4
2. 必要な道具 ……………… 5
3. シャトルに糸を巻く ……………… 6
4. シャトルの持ち方 ……………… 8
5. シャトルから糸を外す方法 ……………… 8
6. 糸のかけ方（持ち方） ……………… 9
7. 基本用語 ……………… 10
8. 図案の読み方 ……………… 12

### Chapter 2　タティングレースの編み方

ダブルステッチ（DS） ……………… 14
ピコット（P） ……………… 20
リング（R） ……………… 21
ブリッジ（B） ……………… 22
リバース ……………… 23
ピコットつなぎ ……………… 24
スプリット編み ……………… 26
トラブル応急処置 ……………… 28

### Chapter 3　モチーフ編み～アクセサリー仕立て

モチーフの糸始末と仕上げ方 ……………… 30
アクセサリー金具・パーツ ……………… 33
アクセサリー仕立てに使う工具 ……………… 34

インフィニティ ……………… 36
　◆インフィニティ・ブレスレット ……………… 38
Little Flowers ……………… 40
　◆Little Flowersの耳飾り ……………… 44
ビーズサークル ……………… 46
　◆星空の耳飾り ……………… 50
　◆ドロップネックレス ……………… 52
　◆circle -えん- 耳飾り ……………… 53
スクエア ……………… 54
　◆カラーチャート ……………… 57
バイカラースクエア ……………… 58
　◆スクエアの耳飾り ……………… 60
　◆スクエアピンブローチ ……………… 61

りぼん ……………… 62
　◆りぼんとフラワーの耳飾り ……………… 65
雪華-ゆきはな- ……………… 66
　◆雪華-ゆきはな-の耳飾り ……………… 70
　◆雪華-ゆきはな-のネックレス ……………… 71
クローバー ……………… 72
　◆クローバーの耳飾り ……………… 76
華とクローバー ……………… 77
　◆華とクローバーの耳飾り ……………… 79

## Chapter 1
# タティングレースの基本

シャトルとレース糸を用意して、編む前の準備をしましょう。
タティングレースに必要な道具や基本用語、図案の読み方をご紹介します。

# 1. タティングレースとは

「シャトル」と呼ばれる舟形の小さな糸巻きに巻いたレース糸を使って
指先で一目ずつ結び目を作っていくレース編みの技法です。
シャトルと左右の指先を使って編む様子は、自分の手で機織り(はたお)をしているようでもあります。

道具もシャトルとレース糸、はさみがあれば、どこでも気軽に楽しむことができます。
移動時間や待ち時間など、ポーチにそれらの道具を入れておけば、
タティングレースを編みながら楽しく時間を過ごすことができるでしょう。

タティングレースの歴史は古く、西洋の貴族や上流階級の貴婦人たちも楽しんでいたといいます。
長く人々を魅了し続けるタティングレースは、現代でも愛されている手仕事です。

本書ではタティングレースの基本的な編み方や、
編んだモチーフをアクセサリーに仕上げるまでをご紹介しています。
同じモチーフでもレース糸の色を変えて編んでみると、アクセサリーに仕上げたときの雰囲気が異なります。
お好みの色で、一目ずつ結ったタティングレースのアクセサリー作りを楽しんでください。

## 2. 必要な道具

❶ タティングシャトル（角つき）（クロバー株式会社）
タティングレースを編むための舟形の道具。
本書では、「角」（先のとがった部分）のあるシャトルを使用します。角は糸をすくったり、編み目をほどいたりするときに使います。

❷ 40番レース糸
各メーカーにより、色とりどりのレース糸があります。本書では40番レース糸を使用します。
基本的にレース糸は60番、80番と番号が大きくなるほど、糸が細くなります。また、同じ番号でもメーカーによって太さや光沢、質感が異なるので、自分好みのレース糸を探してみるのも楽しいでしょう。

❸ 手芸用ボンド
糸始末をした結び目を固めるときに使います。
乾いたら透明になるものを選びましょう。

❹ ほつれ止め
糸始末をした結び目につけます。

❺ レース用かぎ針
シャトルの角ではすくうことができない、細やかな部分でレース糸を引き出すときに使います。糸割れを避けることができます。

❻ はさみ
レース糸を切るときに使います。先が細く、切れ味のいいものを使いましょう。

# 3. シャトルに糸を巻く

左手でシャトルを持ち、右手で糸を巻きつけていきます。
シャトルの向きや、糸を巻きつける方向に気をつけながら進めましょう。
糸を巻きつけると、シャトルから「カチッ」という音がします。手仕事の「音」も楽しさの1つです。

❶ 角のカーブが左側を向くように、シャトルを左手で持つ

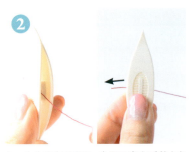

❷ シャトル中央の穴に、糸玉の糸を手前から向こう側へ通す

❸ 通した糸をシャトルの左下へ引き出す

❹ シャトルのおしり部分を、左から右へと糸をわたす。糸をわたすと、シャトルから「カチッ」という音がする

❺ 穴を通っていない糸（糸玉につながっている糸）の上に、糸先（穴を通った糸）を重ねる

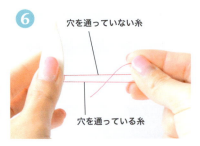

❻ ❺で重ねた糸先を2本の平行となる糸の向こう側へかける

❼ 糸先を起こすと輪ができる。その輪に糸先を通し、引っ張って結び目を作る

❽ 左手でシャトルを持ち、右手で糸玉につながる糸をゆっくり引っ張ると、結び目がシャトルのほうに動く

❾ 結び目をシャトルの穴まで移動させる。軽く糸を引っ張り、結び目がほどけないことを確認する

結んだ糸先は、4cmほど残してカットする。糸先が短いと、シャトルに糸を巻き始めるときに結び目がほどけてしまうので注意

角が左側を向くようにシャトルを持つ

糸玉につながっている糸を、手前から向こう側へシャトルに巻きつける。シャトルのあたま・おしり部分を糸が通るとき、シャトルから「カチッ」と音がする

向こう側から手前へ、手前から向こう側へ、一方向に円を描くように繰り返し糸を巻きつける

糸先（⑩でカットした糸）も一緒に、巻き込む

糸が左右に偏らないよう、バランスよく巻きつける。アクセサリーに仕上げる場合、1モチーフにつき50巻きくらいが目安。慣れるまでは多めに巻いておくと安心

シャトルと糸玉をつないだまま編む場合は切り離さず、このまま進めていく。シャトルに巻いた糸だけで編む場合は、糸玉の糸とシャトルを切り離す

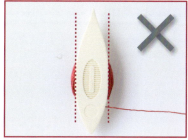

シャトルに糸を巻きすぎないようにしましょう。シャトルの横幅から糸がはみ出すほど巻いてしまうと、糸が汚れたりシャトルが壊れる原因にもなります

## 4. シャトルの持ち方

① シャトルの角がある面を上にし、右手の親指と人差し指で挟む。どの編み方の場合もシャトルは右手の親指と人差し指で挟んだまま、離さず編む

② シャトルに巻いた糸は、いつもシャトル正面に向かって右下から出すこと

## 5. シャトルから糸を外す方法

編み終わったあとやレース糸を変えるとき、シャトルから糸を外します。
無理にレース糸を引っ張るとシャトルの破損にもつながるので、やさしく糸を外しましょう。

① 巻いたときとは反対方向に、シャトルから糸を巻き出す

② 短いほうの糸を引っ張ると、結び目も一緒に移動する

③ 結び目とシャトルの間の糸を切り、シャトルから糸を引き抜く

# 6. 糸のかけ方（持ち方）

右手でシャトルを持ち、左手に糸をかけます。シャトルの糸を使って編む場合も、糸玉の糸を使って編む場合も、左手のかけ方やポジションは同じです。基本となる左手のポジションをマスターしましょう。ここでは、シャトルから巻きだした糸を左手にかけています。

❶ 糸先から約10cmのところを、左親指と人差し指で挟む。短すぎると糸始末をするときに結び目を作れないので注意

❷ 糸が動かないように左親指と人差し指でしっかり挟み、中指から順番に糸をかける

❸ 中指 ⇒ 薬指 ⇒ 小指の順に糸をかける

❹ 小指までかけたら、左親指・人差し指のところまで糸を1周させる

❺ 1周した糸と、最初に挟んだ糸を、左親指と人差し指で一緒に挟む

❻ 左手のポジションの完成

**手の甲側**

薬指は左指にかけた糸をサポートするイメージ。はじめは左指全体に力が入りやすいので、時々手を休めながら進めましょう

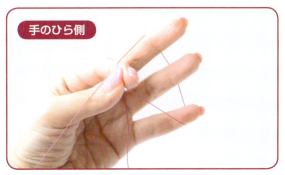

**手のひら側**

おにぎりのような三角形ができる

# 7. 基本用語

タティングレースの基本用語を紹介します。
編み方はChapter 2で紹介するので、ここでは用語にふれておきましょう。

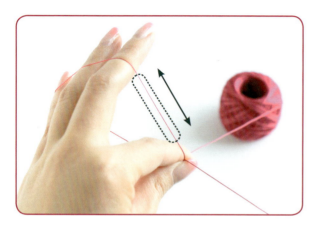

❶ **テンション**
左手の親指・人差し指と中指の間に張った糸のこと

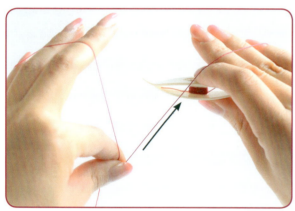

❷ **シャトルの糸**
シャトルに巻きつけた糸のこと。左手の親指・人差し指で挟んだ糸が、右手のシャトルに続く

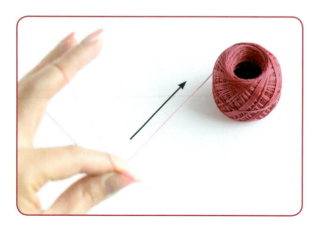

❸ **糸玉の糸**
糸玉の糸を左手にかけ、切らずに糸玉とつないでおく

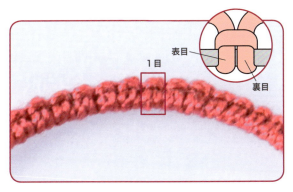

### ④ ダブルステッチ (DS)
タティングレースの基本となる編み目。表目と裏目からなる。表目と裏目で「1目」と数える

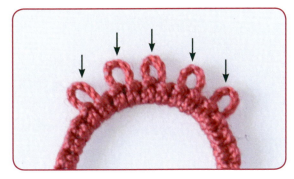

### ⑤ ピコット (P)
ダブルステッチの目と目の間に作る、ひらひらとした輪のこと。モチーフの飾りになったり、つなぎの役割をすることもある

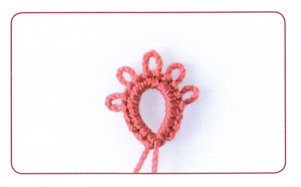

### ⑥ リング (R)
ダブルステッチやピコットなど、必要な目数を編んだあとに左手にかけた糸輪を引いて閉じたもの。シャトルから巻き出した糸を左手にかけ、そのままシャトルで編むとできる

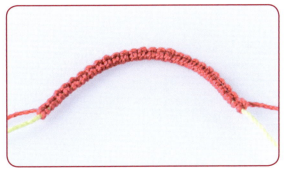

### ⑦ ブリッジ (チェインとも呼ぶ) (B)
線状になるもの。糸玉の糸を左手にかけ、テンションにシャトルの糸を編みつけていく。デザインの1つになるだけではなく、リングとリングをつなぐ役割もある

### ⑧ リバース
表面から裏面、裏面から表面へとモチーフを返すこと。リングからブリッジなど、編み方を変えるときに行う

### ⑨ 表と裏
ピコットの部分で見分ける。裏はピコットの根元に縦の糸すじが入る。リングとブリッジを両方使って編むことがほとんどなので、1つのモチーフの中に表と裏の両方ができる

# 8. 図案の読み方

タティングレースのモチーフ図案には、ダブルステッチの目数や編み方・編む方向など、たくさんのことが描かれています。

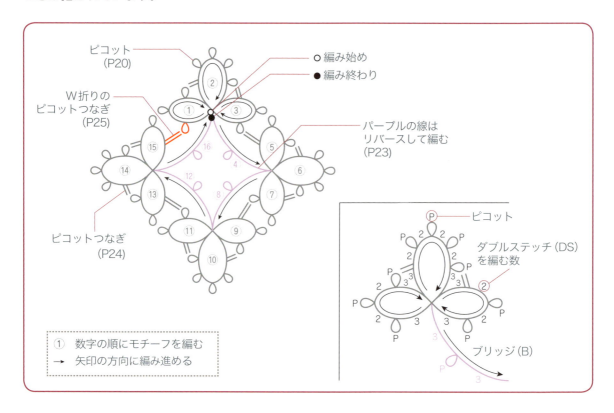

## 使用するシャトルと糸

シャトルと糸玉の準備には3つのパターンがあり、いずれかを使って編みます。

 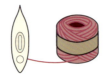 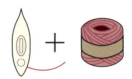

**糸を巻きつけたシャトル**

シャトルにレース糸を巻きつけて、糸玉と切り離したもの

**糸を巻きつけたシャトルとつないだままの糸玉**

シャトルにレース糸を巻きつけ、巻きつけた糸玉の糸とシャトルを切り離さず編む

**糸を巻きつけたシャトルと糸玉**

シャトルの糸と糸玉の色が、同じ場合と異なる場合の2つのケースがある

# Chapter 2
# タティングレースの編み方

基本の編み方を練習しましょう。
つまずきやすい工程にもすべて写真がついているので、
手元と照らし合わせて進めてください。

# ダブルステッチ（DS）

表目と裏目からなる「ダブルステッチ」は、タティングレースの基礎となる編み方です。一番基本的な編み方ですが、最初につまずきがちな場面でもあります。ゆっくり確認しながら進めていきましょう。これが編めるようになると、タティングレースの楽しさをきっと感じられます。

## 基本のポジション

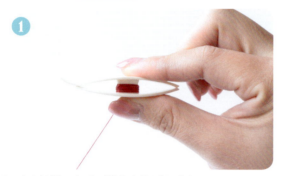

❶ シャトルは常に、右手の親指と人差し指で挟む

❷ シャトルを挟んだまま手首を返し、手のひら側の中指⇒薬指⇒小指の順に糸をかける

❸ 小指まで糸をかけたら、手首の返しを戻す

❹ 手の甲側も、小指⇒薬指⇒中指⇒人差し指の順に糸をかける

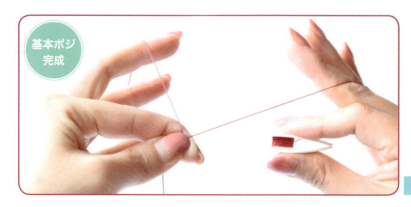

基本ポジ完成

➡左手はP9参照

## 表目から編んでみよう

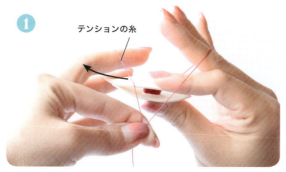

❶ 
テンションの糸

左手のテンションの下にシャトル上部をすべらせ、左方向にくぐらせる

❷

右手の人差し指とシャトル上部の間をすべらせながら、テンションを通過させる。シャトルを持つ親指と人差し指は離さない

❸

テンションを完全に通過させたら、シャトルのおしり部分からテンションの上をすべらせ、右方向にシャトルを引き戻す

❹

引き戻したシャトルは、右手にできた輪の間をそのまま通過させる

❺

テンションに対しシャトルの糸は右側にゆるくかかり、「D」のような形になる

❻ 左薬指・小指を親指にそわせ、左中指を倒しながらテンションをゆるめる。横向きの「Y」のような形をイメージする。この時点では、テンションにかけたシャトルの糸はまだ右側にある

❼ 左手にかけた糸がはずれないように中指を倒していくと、テンションにかかったシャトルの糸が左側にわたる。「D」が反転した形になっていれば、正しく糸がわたった状態。編み方やシャトルの動かし方に慣れるまではゆっくりと編み、糸がわたっていることを確認する

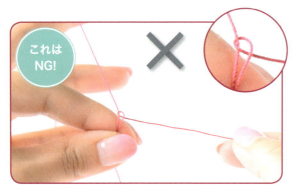

これはNG!
かけたシャトルの糸が、テンションの左側にわたっていない

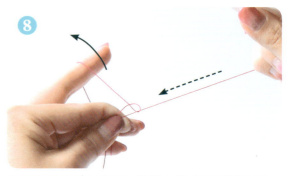

❽ 中指を起こしながら、糸目を左親指と人差し指まで移動させる

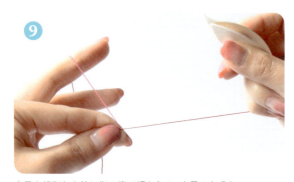

❾ 糸目を親指と人差し指の腹で押さえて、表目の完成！

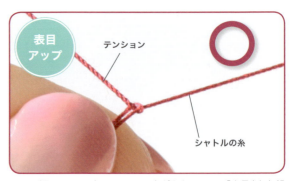

表目アップ
正しく編めていれば、図のように糸がかかる。この「表目」を左親指・人差し指で押さえる

## ➡ 続けて裏目も編んでみよう

⑩ 裏目を編むときは右手に糸はかけず、シャトルを基本のポジションで持つだけ。シャトルから出ている糸は、右小指・薬指で固定しておくとシャトルが動かしやすい

⑪ テンションの上にシャトル下部をすべらせながら、左方向に動かす。テンションと交差する場合もシャトルを持つ右親指・人差し指は離さず、シャトルと親指の間をすべらせるように通過させる

⑫ テンション上を完全に通過させる

⑬ シャトルのおしり部分からテンション下をすべらせ、右方向にシャトルを引き戻す

⑭ 右薬指・小指にかけていた糸を外し、シャトルをそのまま右方向に引く

**Check!**

表目と同じく、シャトルを正しく動かせていれば、テンションとシャトルの糸で「D」の形ができる

⑮

表目のときと同様、左手の中指を倒しながら横向きの「Y」の形を作っていく。右小指でシャトルから出ている糸を軽く固定すると、糸がわたしやすい。※写真はまだ糸がわたっていない状態

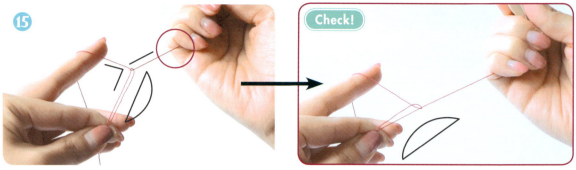

**Check!**

糸がわたると、表目のときと同様、「D」が反転した形になる

⑯

左中指を起こしながら、糸目を表目の横まで移動させる

⑰

表目と裏目がそろい、ダブルステッチの完成！

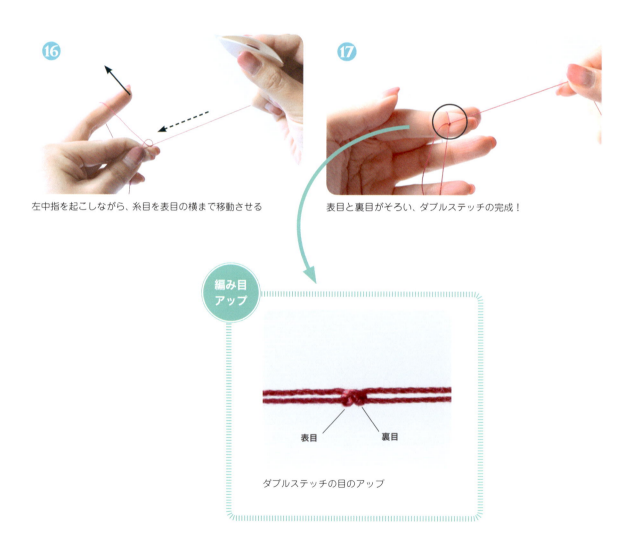

編み目アップ

表目　裏目

ダブルステッチの目のアップ

## 正しく編めているか確認する方法

① 編み目を左親指・人差し指で押さえ、シャトルに続く糸を軽く引っ張る

② 左手にかけている輪が小さくなればOK

小さくなった輪は、編み目を左指で押さえながら下の糸輪を引っ張ると広がる

---

### One point 糸がきちんとわたっているか確認しよう！

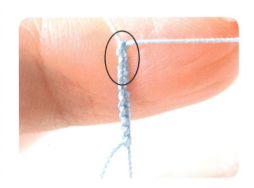

囲み部分は、糸がわたっていなかったり、前の編み目に後ろの編み目が重なっているなど、正しく編めていない

編めていない場合は、編み目を押さえながら下の糸輪を引っ張っても輪が広がらない

シャトルの角を使って、編めていない目をほどく

編み目の下の糸輪を引いたときに広がるようになれば、正しく編めている目だけが残っている

# ピコット（P）

ひらひらとしたピコットは、隣同士のダブルステッチの間に作ります。ピコットの大きさや数によって雰囲気が変わります。お好みのピコットの大きさを見つけたり、続けて同じ大きさのピコットが編めるように練習してみましょう。

❶
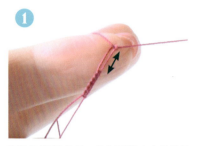
直前のダブルステッチから離れたところに表目を編む。ダブルステッチから表目まで空けた長さの半分が、ピコットの大きさになる

❷

表目の横に、裏目を続けて編む。ほかのダブルステッチと同じ大きさの目になるよう、力加減に気をつけること

❸

❷のダブルステッチを左親指と人差し指で挟み、前の目の横に移動させる

❹

1つ目のピコットが完成

❺
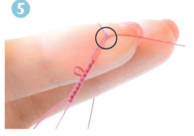
ピコットを入れたいところまでダブルステッチを編んだら、❷と同じように離れたところに表目を編む

❻

裏目を編み、❸と同じようにひと目前のダブルステッチの横に目を移動させると、2つ目のピコットが完成

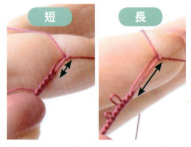
離れたところに編む表目までの長さが短いほど、小さなピコットができる。大きめのピコットを作る場合は、前のダブルステッチとの長さを長くする

### One point ピコットは「1目」とは数えない！

ピコットは、前のダブルステッチとそのあとに編んだダブルステッチとの間に作るものなので、1目とは数えません。
写真の編み目数は、
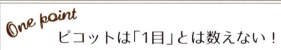
【5DS（ダブルステッチ）→ P（ピコット）→3DS→ P →3DS→ P →5DS】

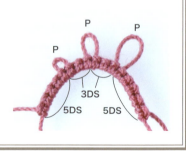

# リング（R）

編み目を指先で整えながらしっかりと最後まで糸をしぼり、きれいなリングを作りましょう。
リングを作るには、2通りの糸のかけ方があります。

### シャトルの糸を使って編む場合

シャトルから巻き出した糸を左手にかけ基本のポジションを作る

### シャトルと糸玉がつながっている場合

糸玉の糸を左手にかけ、基本のポジションを作る

**❶**

ダブルステッチやピコットを編み終えたら左手の糸輪を外し、指にかける

**❷**
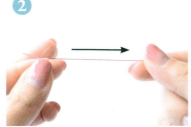
編んだ目全体を左親指と人差し指で押さえながら、シャトルにつながる糸をゆっくり引く。糸の絡まりを防ぐため最後に編んだ目は必ず押さえる

**❸**

しぼりきる前に編み目が整っているか確認する。しぼるときに編み目の向きにばらつきが出たようであれば、指先で整える

**❹**

編み目を左親指と人差し指で押さえ、糸輪を左指から外す

**❺**

左指で押さえながら、シャトルにつながる糸をゆっくり引き、最後まで輪をしぼる

**❻**
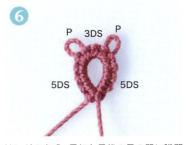
リングの完成。最初と最後の目の間に隙間ができないよう、しっかりしぼる

# ブリッジ（B）

ブリッジを編むためには、シャトルの糸と糸玉（シャトルとつながっていない糸玉）が必要です。
左手にかける糸玉の糸色が、ブリッジの編み目の色となります。
ここではわかりやすいように、右手のシャトル糸と左手にかける糸の色を変えて説明します。

❶

糸玉の糸を左手にかける

❷

シャトルの糸を❶の糸（かけ始め、かけ終わり）と一緒に、左親指と人差し指で挟む

❸

基本のポジションで、ダブルステッチやピコットなどを編む

❹

左手にかけた糸が目になる。ダブルステッチで糸がわたったときには、糸玉の糸がシャトルの糸に巻きつく形となる

❺

左手にかけた糸を外し、リング（輪）になっていないことを確認する

❻

ブリッジを続けて編む場合は、編んだ最後の目を押さえながら、❸の基本ポジションで編み進めていく

❼
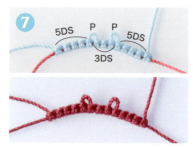
ブリッジの完成。下は、左手にかけた糸とシャトルに巻いた糸の色が同じ場合のブリッジ

> **POINT**
>
>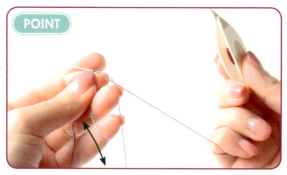
>
> ブリッジを編んでいると、左手にかけた糸がゆるみやすくなる。左薬指・小指を少し倒し、手のひら側の糸を張りながら編むと、ブリッジが編みやすくなる

# リバース

表面から裏面へ、裏面から表面へと、編んでいる面を返すことを「リバース」といいます。
リバースそのものは特別な編み方ではなく、リングからブリッジ、ブリッジからリングへと編み方を変えるときなどに用います。

リングを編み終えたところ

リバースし、リングを上下逆さまにする。裏面が見えている状態。シャトルにつながる糸はリング裏面に向かって右側から出ている

続けてブリッジを編む。糸玉の糸先から約10cmのところをリングに重ね、左親指と人差し指で一緒に挟む

基本ポジションになるよう、糸玉の糸を左手にかける

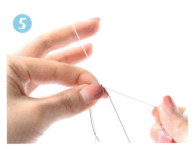

左親指・人差し指で、リング・糸玉の糸（かけ始め・かけ終わり）をしっかり押さえる。ブリッジの編み始めのポジション

ブリッジを編み終えたところ。ブリッジの弧は上を向いている

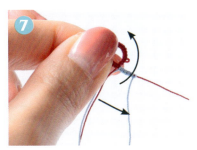

リバースする。再びリングの表面が正面にくる。ブリッジの弧は下を向く

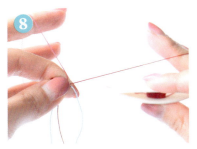

続くリングを編むため、シャトルから糸を巻き出し左手にかける。基本ポジションを作り、リングを編む

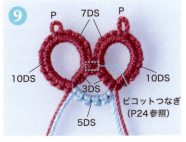

2回リバースして、「リング→ブリッジ→リング」が完成。リバースして別の編み方に変えることで、モチーフのデザインの幅が広がる

# ピコットつなぎ

## 基本のピコットつなぎ

隣同士のリングをピコットでつなぐ編み方を「ピコットつなぎ」といいます。「基本のピコットつなぎ」と「W折りのピコットつなぎ」の2通りのつなぎ方があり、左側のリングにつなぎたいピコットがある場合は「基本のピコットつなぎ」をします。

❶ 左側にあるリングとつなぐところまでダブルステッチを編んだら、シャトルの角を使ってつなぐピコットの形を整える

❷ 左手のテンションの上にピコットを重ね、シャトルの角を使ってピコットからテンションの糸を引き出す

❸ 引き出した糸にシャトルを通す。このとき、❷で引き出した糸が交差することなく平行に引き出されているか確認する

❹ 右のシャトルの糸を軽く張り、左中指を起こしながらピコットから引き出した糸輪を閉じる

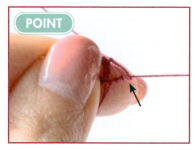

POINT
閉じる糸輪とつなぐ前に編んだ目が、重ならないように気をつける

❺ ピコットつなぎの完成

❻ 続けて必要な目数を編み、糸輪を閉じると隣同士のリングがつながる

**One point**

シャトルの角では糸が引き出しにくい場合、先の細いレース用かぎ針を使って引き出し、糸輪にシャトルを通す。シャトルの角で無理に引き出すと糸が割れ、キレイな仕上がりにならないので注意

## W折りのピコットつなぎ

最初に編んだリングと、最後に編んでいるリングとをつなぐときには「W折りのピコットつなぎ」をします。右側にくる最初に編んだリングのピコットとつないで、円形や四角形などのモチーフを編むときに使います。

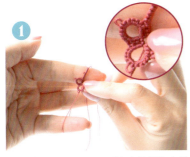

❶ つなぎたい最初のリングを右親指と人差し指で挟む（右手首を少しひねり、最初のリングの表面を人差し指、裏面を親指で挟む）。リングの持ち方に注意

❷ 右親指・人差し指でリングを挟んだまま、右手首のひねりを元に戻す。右親指が上にくるようにリングを起こす（1回目）

❸ 再び右手首をひねり、指を持ち替えて、❷で起こしたリングを挟む。今度は最初のリングの表面を親指、裏面を人差し指で挟む

❹ もう一度❷と同じように右手首のひねりを元に戻しながら、右親指が上にくるようにリングを起こす（2回目）

❺ 左手のテンションの上につなぎたいピコットを重ね、シャトルの角を使ってピコットからテンションの糸を引き出す

❻ 引き出した糸輪にシャトルを通し、左中指を起こしながら糸輪を閉じる

❼ 続けて必要な目数を編む。編んだら左手で編み目を押さえながらシャトルの糸を引き、糸輪を途中までゆっくりしぼる

❽ 糸輪を完全に閉じていない状態で、ほかのリングと表裏が揃うよう整える

❾ しっかり最後まで糸輪を閉じる。正しくできていれば、ピコットでつないだ部分が図のように平行になる

# スプリット編み

2つのシャトルを使って1つのリングを編む「スプリット編み」。
左手の糸輪を持ち替えたり、テンションに糸をわたさず編むなど、これまでの編み方とはずいぶん異なります。
どちらのシャトルを使って編んでいるのか、確認しながら進めましょう。

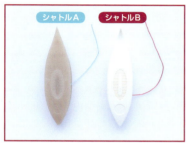

ここではわかりやすいように、2つのシャトルにそれぞれ違う色のレース糸を巻いて編んでいく

**①** シャトルA から糸を巻き出し左手にかけ、リングの基本ポジションをとる

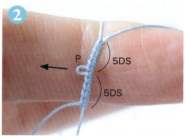

**②** ダブルステッチやピコットを編む（写真は5DS+P+5DS）。ここまでは通常のリングの編み方と同じなので、ピコットは左方向にある

**③** 左手にかけている糸輪を一度外して上下逆さまに持ち替え、左手にかけ直す。ピコットの向きが右方向に変わる

**④** ここからは シャトルB を使って編んでいく。シャトルB の糸を、最初に編んだダブルステッチから出ている糸に重ねる

**⑤** ダブルステッチの最初の目と、シャトルB の糸を左親指と人差し指で一緒に挟む

**⑥** 裏目を編むときの基本ポジション。ここからのリング半円は「裏目→表目」の順に編む

**⑦** 左手のテンションに対し、裏目を編むときと同じようにシャトルの糸をかける

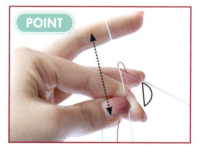

**POINT** 普通の裏目とは違い、糸をわたさない。左手のテンションをピンと張っておくと編みやすい

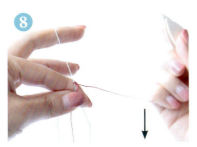

⑧ 右手のシャトルの糸を下方向に動かし、目をダブルステッチの横に移動させる。目がテンションの左側にわたらないよう注意する

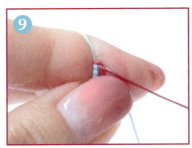

⑨ 裏目を編んだところ

⑩ 続いて、表目を編むポジションを作る。左手のテンションに対し、表目を編むときと同じようにシャトルの糸をかける

⑪ 左頁 POINT と同じく、糸をわたさない。ここでも左手のテンションをピンと張っておくと編みやすい

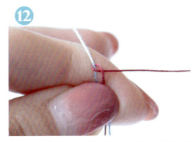

⑫ 目がわたらないように気をつけながら、⑨でできた裏目の隣に目を移動させる

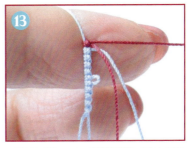

⑬ 一目編んだところ。シャトルA で編んだ編み目と同じ方向、テンションに対して右側に糸目がくる

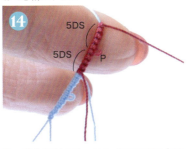

⑭ ⑥〜⑬を繰り返し、リングの半円を編む（写真は5DS+P+5DS）

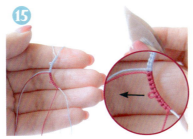

⑮ 左手にかけている糸輪を再び外し、上下逆さまに持ち替えて左手にかけ直す。右側にあったピコットが左側に変わる。
シャトルA に持ち替える

⑯ 左親指と人差し指で編み目を押さえる

⑰ 左手で編み目を押さえながら、シャトルA の糸をゆっくり引いて糸輪を閉じる

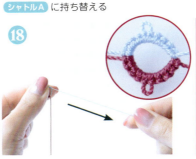

⑱ 最後までしっかり糸輪を閉じて完成

2つのシャトルに同じ色の糸を巻いて編めば、1色のリングができる

# トラブル応急処置

## 糸割れを防ぐためには……

編み目をほどいたり、ピコットつなぎをするなど、細かな作業をするときは、糸が割れないように気をつけましょう。糸が割れてしまうとすべりが悪くなるので続けて編めなくなったり、リングにする際に正しく編めていても糸輪が閉じない場合があります

糸全体をしっかりすくいましょう。シャトルの角では難しい場合は、先の細いレース針を使いましょう

## 一度閉じたリングを開くときは……

作業はとても細やか。糸割れや糸の絡みに気をつけながら開くこと

最後に編んだ目にシャトルの角を通し、編み目を軽く上下左右に揺らしながらゆるめる

最後から2～3目ほど、❶と同じように編み目をゆるめていく

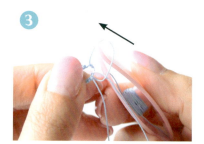

シャトルが通るくらい編み目が開いたら、編み目にシャトルを通し糸の流れに沿ってほどいていく

リングを閉じていた部分に隙間ができたら編み目を左指で挟み、最初の編み目の下の糸を引く

リングが開く

# Chapter 3
# モチーフ編み～アクセサリー仕立て

モチーフを編んで、アクセサリーに仕上げましょう。
一目ずつ編んだタティングレースは特別なアクセサリーになるでしょう。

# モチーフの糸始末と仕上げ方

編み終えたモチーフは、すべて糸始末と仕上げをします。そのあと、アクセサリーにしていきましょう。本書では、各モチーフごとの糸始末・仕上げ工程は、一部を除き記載していません。記載のないところはP31、32を参照してください。

## 糸始末に必要なもの

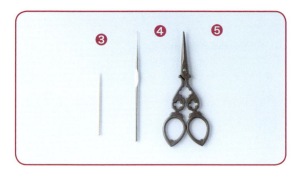

**❶ ほつれ止め（ピケ）**
糸始末をした結び目につけます。

**❷ 手芸用クラフトボンド（ハマナカ株式会社）**
アイロンがけをしたあと、糸始末の結び目を固めます。乾いたときに透明になるタイプのものを使用しましょう。

**❸ 爪楊枝**
手芸用クラフトボンドを結び目につけるときに使います。

**❹ 先の細いレース針**
シャトルの角では糸が割れてしまいそうな場合に使います。

**❺ 手芸用のはさみ**
刃先が細いものを選びましょう。糸を切るときに使います。

## 仕上げに必要なもの

**❶ 手芸用アイロン台（小）**
家庭用のアイロン台でも代用できます。

**❷ あて布（カットクロス）**
あて布で挟んでモチーフにアイロンをかけます。あて布の色がモチーフに色移りすることがあるので、濃い色のあて布は避けましょう。

**❸ 手芸用アイロン（パッチワークアイロン：クロバー株式会社）**
アイロン用スプレー糊をかけたモチーフにあてます。

**❹ アイロン用スプレーのり**
アイロンをかける前に、モチーフに吹きかけます。モチーフに張りが出て、形を整えることができます。

## 糸始末の方法

❶ 編み終わりから約8cmほど糸を残して切る。残す糸が短すぎると糸始末が難しくなるので、長めにカットしておく。編み始めと編み終わりの糸をモチーフ裏面で2回結んでいく

❷ 右側（右手に持つ糸）の糸を上、左側（左手に持つ糸）の糸を下に交差する。このとき、右側の糸は下から上に交差する

❸ 交差したときにできる円に右側の糸を通す

❹ 左右の糸をゆっくり引き、糸を結ぶ。1回目の結び目ができる

❺ ❷❸同様、もう一度結ぶ。今度は右側の糸を上から下に交差する

❻ 左右の糸をゆっくり引き、糸を結ぶ。2回目の結び目ができる

**POINT** 2つの結び目は横並びになる

❼ 結び目から約3cmのところで糸をカットし、結び目にほつれ止め液を少しつける
**目安** 表面に液が染みわたらない程度

**POINT** 結び目の部分にだけほつれ止め液をつける

## 仕上げの方法

**1** アイロン台にあて布を置き、その上にモチーフ（表面を上に）置く。モチーフ全体にスプレーのりを3〜4回吹きつける

**2** 糊が広がるように、指の腹でモチーフ全体をトントンと軽く叩く。同時にモチーフの形を整える

**3** モチーフの上にさらにあて布を1枚重ね、アイロンをかける。手芸用アイロンの場合は温度を「中」（約130〜150℃）設定にし、スチーム機能は使わないこと

**4** 結び目だけを残し、糸を切る

**5** 爪楊枝の先に手芸用クラフトボンドを少しつけ、結び目に塗る

**6** クラフトボンドをつけた面を上にし、ボンドを乾かす。速乾性のものであれば、数分で乾く。乾くとボンドが透明になる

**7** ボンドが乾いたら、モチーフの仕上げの完成。写真はモチーフ表面。表面から見たとき、糸始末部分がわからないように仕上げる

### One point 気をつけよう！

爪楊枝でボンドをつけるとき、時間をかけすぎたり、ボンド面を触りすぎると、ボンドの色が白く残る場合があります。触りすぎないよう、手早くボンドをつけましょう。

# アクセサリー金具・パーツ

本書で紹介する耳飾りはすべてイヤリング・ピアス・樹脂素材など、お好みのアクセサリー金具で作ることができます。合った金具で、アクセサリーを楽しんでみましょう。

イヤリング
（ネジバネ式・板バネ）

ピアス
（フック・キャッチ）

樹脂素材
（ノンホールピアス・キャッチ）

丸カン

9ピン・Tピン

カニカン・アジャスター

ネックレスチェーン

ボヘミアンビーズ（丸小）

エアーパール（光沢がある、とても軽いプラスチック製のパール。コットンパールでも代用可）

ビジュー

チャーム

つなぎパーツ

# アクセサリー仕立てに使う工具

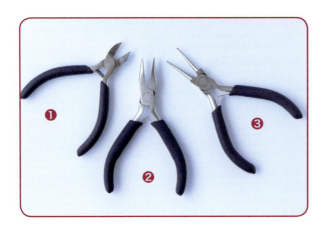

**❶ ニッパー**
Tピンや9ピンなど、金具をカットするときに使います。

**❷ 平ヤットコ**
工具の先が平らなもの。ピンを倒したり、丸ヤットコと一緒に使って金具の開閉などを行います。

**❸ 丸ヤットコ**
工具の先が筒形のもの。平ヤットコと一緒に使い、金具の開閉などを行います。

## 丸カンの開閉

❶ 丸カンの切れ目部分を、丸ヤットコ・平ヤットコで挟む

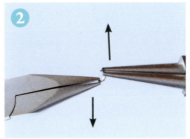

❷ 縦方向に丸カンを開閉する

❸ 正しく丸カンを開いた状態

## One point 気をつけよう！

工具を左右に動かして、丸カンを開閉しないように。丸カンが破損したり、うまく閉じられなかったりします。

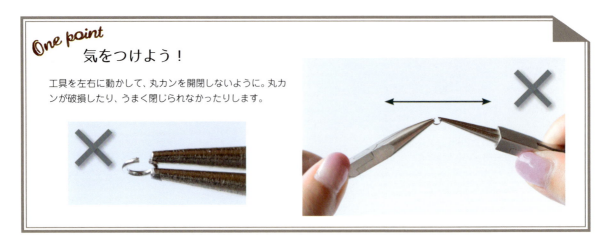

## 9ピンの丸め方

❶ エアーパール(両穴あき)に9ピンを通す

❷ ピンの円状の部分を丸ヤットコで、エアーパールに通したピンの根元部分を平ヤットコで挟む

❸ 丸ヤットコに対してピンが平行になるように、平ヤットコを90度横に倒す

❹ 折り曲げたピンの根元から約8mmの部分をニッパーでカットする

❺ 左右のヤットコを持ちかえる。カットしたピン先から1mmほど内側を丸ヤットコで挟む。このとき、丸ヤットコを持つ手のひらが上を向くよう、手首をひねって持つ

上から見た状態

❻ 丸ヤットコを持つ手首のひねりを元に戻しながら、ピン先を根元まで持ってくる。最後は指先でエアーパールを固定し、ピンがしっかり閉じるよう丸ヤットコで整える

### One point 気をつけよう！

カットする部分が短すぎるとピンを丸めるのが難しく、長すぎると、ピンを丸めたときのバランスが悪くなります。約8mmは目安なので、ちょうど良い長さを見つけてカットすること。
Tピンの場合は、エアーパールと通したピンの底を左指で一緒に固定しておくと丸めやすくなります。

# インフィニティ

「無限」を意味するインフィニティ。ダブルステッチとピコットが編めるようになったらチャレンジしてみましょう。一目ずつ同じ力で糸を引きながら、編み目をそろえていくと綺麗に仕上がります。

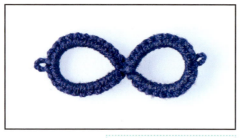

サイズ：約0.8cm×2cm

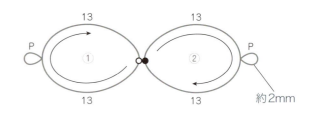

約2mm

### 用意するもの

糸を巻く目安：約35巻

**使用する糸**
オリムパスレース糸　金票　#40/10g　色番335

## One point 編み目を確認してから、リングにしよう

編み目数やピコットが正しく編めているか、よく確認してから糸輪を閉じましょう。閉じたリングを開くこともできますが（P28参照）、開く際に糸が割れてしまうことがあります。
モチーフを綺麗に仕上げるためには、閉じる前にチェックしておくことが1番です。

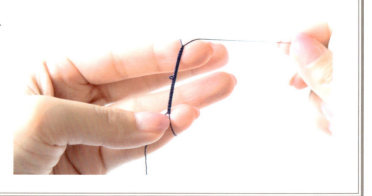

## How to

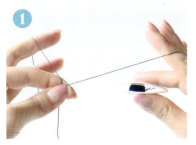

① リングのポジションで編み進めていく

② ダブルステッチ(DS)を13目編む

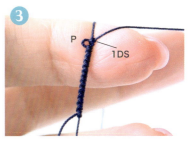

③ ピコット(P)を1つ作り、残り12目を編む。ピコットを作った後ろの目を1目と数え、ピコットを境に前半13目、後半13目

④ 編んだ目がよれないよう編み目を左親指・人差し指で挟み、シャトルの糸をゆっくり引いてリングを作る

⑤ 1つ目のリングの完成

⑥ 2つ目のリングを作る。1つ目のリングを左親指・人差し指で挟み、シャトルの糸を左手にかける。このとき、1つ目のリングと左手にかける糸との間に隙間ができないよう気をつける

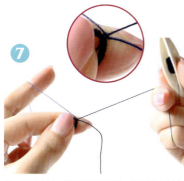

⑦ 2つ目のリング最初の目は、1つ目のリングの最後の目に重ねる感覚で編むと隙間ができにくい(実際には重ならないようにする)。【13DS→P→13DS】編み、2つ目のリングを作る

⑧ 裏面で糸始末をして、完成(糸始末・仕上げはP31、32参照)

表面に返した状態

chapter 3 モチーフ編み〜アクセサリー仕立て

# インフィニティ・ブレスレット

ラッキーアイテムにもなりそうなブレスット。ネイビーはエレガントな雰囲気に。
好きなアーティストなどのイメージカラーで作ってみるのも楽しいですね。

## Tool

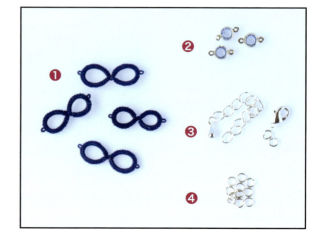

❶ インフィニティモチーフ..........................4つ
❷ つなぎパーツ........................................3個
　パーツクラブ PC-301480-LB
❸ カニカン＋アジャスター＋Cカンセット....1セット
　パーツクラブ EU-00084-G5
❹ 丸カン（0.6×3.5mm）...................... 約8～10個
　パーツクラブ PC-300067-G5

## How to

①
丸カンにピコットとつなぎパーツを通して閉じる

②
つなぎパーツのもう片方の穴に、丸カンと新しいモチーフのピコットを通して閉じる。1つ目のモチーフと表裏が同じ方向になるようにつなぐ（糸始末をしているほうが裏面）

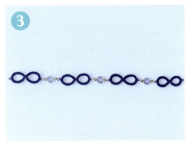

③
モチーフ→丸カン→モチーフの順に、最後のモチーフまで①②を繰り返し、つなぐ

④
ピコットに丸カンを1つ通して閉じる。Cカンで、カニカンと丸カンをつないで閉じる

⑤
丸カンに反対側のピコットとアジャスターを通して閉じ、完成

サイズ：最長約18.5cm（アジャスターを含む）。短いようであれば、④⑤の工程でつなぐ丸カンの数を増やし調節する

chapter 3 モチーフ編み〜アクセサリー仕立て

# Little Flowers

小さな花たちが連なるモチーフ。お好みの大きさのピコットで、花びらを編んでみましょう。
3つの花モチーフを、バランスよくピコットつなぎして作ります。

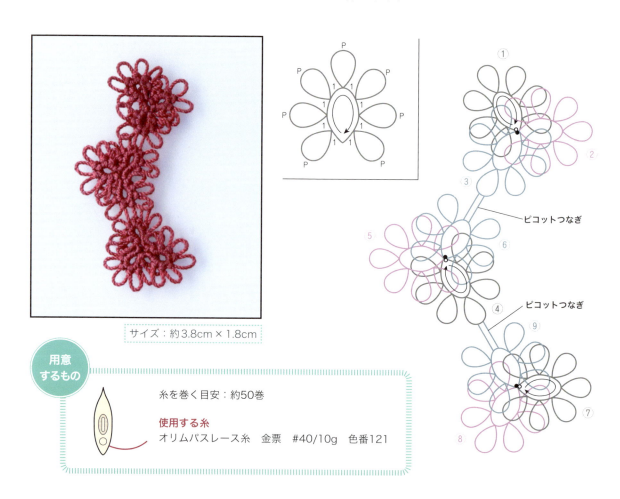

サイズ：約3.8cm×1.8cm

**用意するもの**

糸を巻く目安：約50巻

**使用する糸**
オリムパスレース糸　金票　#40/10g　色番121

## One point
### 1つずつのピコット作りに慣れてきたら

最初は1つずつピコットを作っていきましょう。
慣れてきたら、同じ距離を保ちながら、2つずつピコットを作ってみましょう。

## How to

### 1
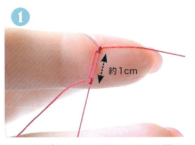
リングのポジションで編む。1DSを編み、約1cm空けて2つ目のDSを編む

### 2
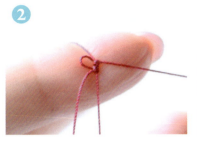
1つ目のDSの横に2つ目のDSを動かし、ピコットを作る

### 3
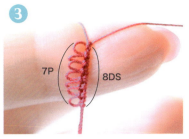
❶と同じ間隔で同じ大きさのピコットを7つ編む

### 4

編み目を左親指・人差し指で押さえながらシャトルの糸をゆっくり引いて糸輪を閉じる。1つ目のリングが完成

### 5

1つ目のリングを左親指・人差し指で挟み、シャトルの糸を左手にかける。続けて2つ目のリングを編む。図は2つ目のリングの1DSを編んだところ。1つ目のリングとの間に隙間ができないようにする

### 6
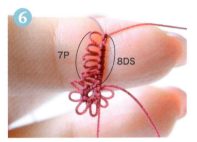
❸と同じようにピコットを7つ編む

### 7
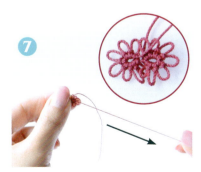
編み目を左親指・人差し指で挟み、ゆっくり糸輪を閉じる。2つ目のリングが完成

### 8

同じように3つ目のリングも編む

### 9

シャトルにつながっている糸を切り、裏面で糸始末(P31参照)をする。糸を結ぶとき、表面・裏面が返らないように気をつける

次頁につづく➡

❶〜❼を繰り返し、新しい花を編む。2つ目のリングができたところ

3つ目のリング、ピコットを3つ作る

❾までで編んだ1つ目のモチーフとピコットつなぎする。4つ目のピコットにつなぐ

**目安** 1つ目のモチーフのうち、最後に編んだリングの4つ目のピコット

つなぐピコットからテンションの糸を引き出す。表面同士でつなぐこと

ピコットつなぎで、1つ目の花とつながる

残りの目を編む
【1DS→P→1DS→P→1DS→P→1DS】

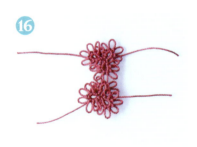

❾と同じように、2つ目の花も裏面で糸始末をする（P31参照）

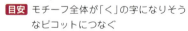

新しく3つ目の花を作る。3つ目のリングの3ピコットまで作ったら、⓰のモチーフにピコットつなぎをする

**目安** モチーフ全体が「く」の字になりそうなピコットにつなぐ

つなぐピコットからテンションの糸を引き出す

⓳

残りの目を編む
【1DS→P→1DS→P→1DS→P→1DS】

⓴

❾と同じように裏面で糸始末（P31参照）をする

㉑

Little Flowersのモチーフが完成。3つの花モチーフをつないでから、仕上げ（P32参照）をする

パステルカラーで作ると優しい雰囲気に。
色とりどりの花を作ってみましょう。

Chapter 3　モチーフ編み〜アクセサリー仕立て

# Little Flowersの耳飾り

小さな花たちが顔周りで揺れる耳飾り。ピコットで作る花の大きさやレース糸のカラーによって、バリエーション豊かに楽しめます。着物や浴衣などの際にも相性の良いアイテムです。

## Tool

❶ Little Flowers モチーフ ............................ 2つ
　オリムパスレース糸　金票　#40/10g　色番M10
❷ エアーパール（ホワイト）............................ 2個
　トーホー株式会社 No.500 6mm
❸ Tピン（レヴェ0.7）..................................... 2本
❹ イヤリング金具 ......................................... 1組
　パーツクラブ PC-300319-R
❺ 丸カン（0.6×3.5mm）................................ 6個
　パーツクラブ PC-300067-R

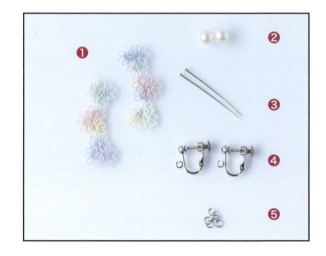

## How to

① エアーパールにTピンを通し、ピンの根元を平ヤットコで横に90度倒す

② 倒したピンの根元から約1cmの部分をニッパーでカットする

③ 丸ヤットコを持つ手首をひねってピン先を挟み、手首のひねりを元に戻しながらピンを丸める

④ パールパーツの完成

⑤ モチーフが「く」の字になるよう、バランスのよさそうなピコットに丸カンを通して閉じる

⑥ ⑤の丸カンにもう1つ丸カンを通し、イヤリング金具も通して閉じる（ピアス・樹脂製などお好みのパーツでOK）

⑦ モチーフの反対側、「く」の字のバランスがとれそうな部分に丸カンを通し、④のパールパーツを通して閉じる

⑧ もう片方の耳飾りも手順は同じだが、左右対称となるように、仕上げていく

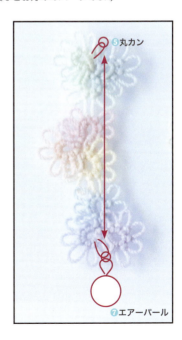

# ビーズサークル

ピコット部分にビーズを編みこんだ、ビーズサークル。
レース糸やビーズのカラーを変えると、何通りもの組み合わせができます。

サイズ：直径約2cm

用意するもの

**使用する糸**
オリムパスレース糸　金票　#40/10g　色番335

ビーズ：ボヘミアンビーズ　丸小.................8個
パーツクラブ CB-18304

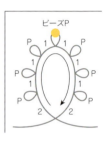

## Preparation

**1** 糸玉の糸に必要な数のビーズを通す

**2** ビーズを通した糸をシャトルに巻く。1モチーフにつき45巻が目安。35巻くらいでビーズ7個分を巻きこんでおくと編みやすい

**3** 最後のビーズはシャトルに巻きこまないでおく。シャトルに糸を巻いたら、糸玉と切り離す

## How to

① リングを編んでいく。ビーズは必要になるまで、左手にかける糸の中指・人差し指側に移動させておく

② 【2DS→3P】を編んだら、左手甲のビーズを最後のダブルステッチの横に移動させる

③ ビーズの横にダブルステッチを編む。ダブルステッチに挟まれ、ビーズが固定される

④ 続けて【3P→1DS】を編んで糸輪を閉じたら、1つ目のリングの完成

⑤ シャトルからビーズを1つ引き出し、ビーズが通った糸を①と同じように左手にかける

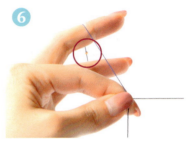

⑥ ビーズは左手の甲側に移動させておく

⑦ 2mmほど間隔を空けて2つ目のリングを編み始める

⑧ 2DSを編んだら、1つ目のリングの最後のピコットとピコットつなぎ（P24参照）をする

⑨ 1つ目のリングとつながる

次頁につづく➡

【1DS→2P】を編んだら、左手甲のビーズを編み目の横に移動させ、その横にダブルステッチを編んで固定する

残りの目数【3P→1DS】を編んだら、編み目を押さえながらシャトルの糸を引いて糸輪を閉じる

2つ目のリングの完成。同じ工程を繰り返し、8つ目のリング最後のピコット手前、【2DS→ピコットつなぎ→1DS→2P→ビーズP→2P】まで編み進める

最後のピコット手前まで編んだら、W折りのピコットつなぎ（P24参照）をする

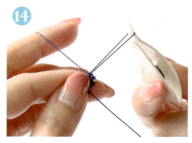

テンションの糸を引き出し、1つ目のリングとつないで残りの2DSを編む

シャトルの糸を引き、輪を小さくする。糸輪を完全に閉じないように気をつける

表面と裏面が揃うようにモチーフを整え、糸輪を最後までしっかり閉じる。シャトルの糸を7cmほど残して切る

表面でバランスを確認しながら、2mmほど間隔を空け裏面で2本の糸を結んで完成（糸始末・仕上げは右頁参照）

結び目は表から見えないよう、リング上で結ぶこと

## One point ビーズの扱い方

編み進めていくと、シャトルに巻きこんでいたビーズが編んでいる手元に出てきます。すぐに必要のないビーズは、再度シャトルに巻きこんでおきましょう。

巻きこんでいたビーズが手元に出てきたら…

❶ 両手のポジションがとれる長さ+3〜4巻き分の糸をシャトルから巻き出す。その後、すぐに必要のないビーズをシャトル側に返す

❷ シャトルにビーズを巻きこむ（目安 3〜4巻き）。ビーズは必要なときにそのつどシャトルから巻き出し、左手に移動させる

## ビーズサークルの糸始末と仕上げ

❶ 編み終わったら、表面を見ながら糸始末をする場所を決める。モチーフ全体のバランスが良さそうな位置を見つける

❷ 裏面で最初と最後の糸を結び、約3cmほど糸を残してカットする。結び目が表面から見えないよう、残した糸を軽く引きながら結び目にほつれ止め液を少しつける

❸ スプレー糊を吹きつけてアイロンをかけたら（P32参照）、結び目だけにボンドをつける

❹ ボンドが乾ききる前に、結び目だけ残して糸を切る

❺ ❹で切った部分が浮かないよう、覆うようにボンドをつける

# 星空の耳飾り

ネイビーのレース糸とゴールドビーズで星空をイメージした、顔周りに輝きをそえる耳飾りです。

## Tool

❶ ビーズサークル .................................. 2つ
❷ イヤリング金具 .............................. 1組
　パーツクラブ PC-300319-G5
❸ エアーパール（ホワイト） ............... 2個
　トーホー株式会社 No.500 6mm
❹ メタルパーツ（星） ........................... 2個
　パーツクラブ PC-300178-G5
❺ 丸カン（0.6×3.5mm） ...................... 6個
　パーツクラブ PC-300067-G5
❻ 9ピン（レヴェ0.6） ............................ 2本

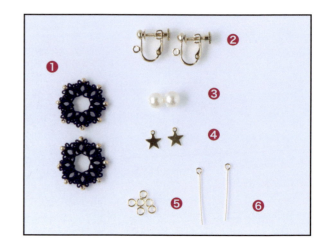

## How to

**1** モチーフのリング部分に丸カンを通し、星形チャームも通して閉じる

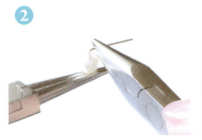

**2** エアーパールに9ピンを通し、平ヤットコで挟んで90度に倒す

**3** エアーパールから約1cmの部分をニッパーで切る

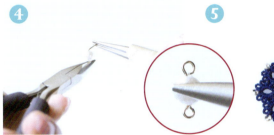

**4** カットしたピン先を丸ヤットコで挟む。丸ヤットコを持つ手首のひねりを返しながら丸を作る。パールパーツの完成

**5** 星チャームをつけたリングのビーズに丸カンを通し、❹のパーツもつなげて閉じる

**6** 丸カンでパールパーツとイヤリング金具をつなぎ、丸カンを閉じて完成

# ドロップネックレス

輝くドロップチャームと合わせたネックレス。胸元を華やかに彩ります。

### Tool

❶ ビーズサークル..................1つ
　糸：オリムパスレース糸　金票　#40/10g
　　色番M10
　ビーズ：ボヘミアンビーズ 丸小...... 各4個
　　　　パーツクラブ CB-18304
　　　　パーツクラブ CB-26060
❷ ラインストーンパーツ（しずく）..........1個
　パーツクラブ PC-300352-000-G5
❸ ラインストーンパーツ（ラウンド）........1個
　パーツクラブ PC-300030-000-G5
❹ 丸カン（0.6×3.5mm）..........................4個
　パーツクラブ PC-300067-G5
❺ ネックレス（50cm＋アジャスター5cm）
　パーツクラブ NH-50031-G5

### How to

❶ モチーフのリング部分に丸カンを通し、ドロップチャームを通して閉じる

❷ チャームを通したリングのビーズに丸カンを通して閉じる。もうひとつの丸カンで、ネックレスとビーズに通した丸カンをつなぎ、閉じる

❸ チャームに丸カンを通し、ネックレスにつなぎ閉じて完成

# circle -えん- 耳飾り

ビーズサークルと丸型のチャームを組み合わせた耳飾り。
『まる＝えん＝縁』。言葉あそびから誕生したアイテムです。

## Tool

❶ ビーズサークル.....................................2つ
　糸：オリムパスレース糸　金票　#40/10g
　色番801
　ビーズ：ボヘミアンビーズ 丸小..........16個
　　パーツクラブ CB-18503
❷ ピアスフック......................................2個
　パーツクラブ PC-300091-R
❸ つなぎパーツ......................................2個
　パーツクラブ PC-301480-CR-R
❹ クリスタル（ラウンド）.........................2個
　パーツクラブ PC-300030-R
❺ 丸カン0（0.6×3.5mm）.........................10個
　パーツクラブ PC-300067-R

## How to

リング部分に丸カンとラウンドチャームを通し、閉じる

チャームを通したリングのビーズに丸カンを通し、閉じる。もうひとつの丸カンで、つなぎチャームとビーズに通した丸カンをつなぎ、閉じる

❶のモチーフが正面を向くよう必要な数の丸カンをつなぎ、最後の丸カンにピアス金具を通し閉じて完成

# スクエア

タティングレースの平面の美しさが際立つ、スクエアモチーフ。レース糸を2色まで使って編むことができます。まずは1色のレース糸を使って、モチーフを編んでみましょう。

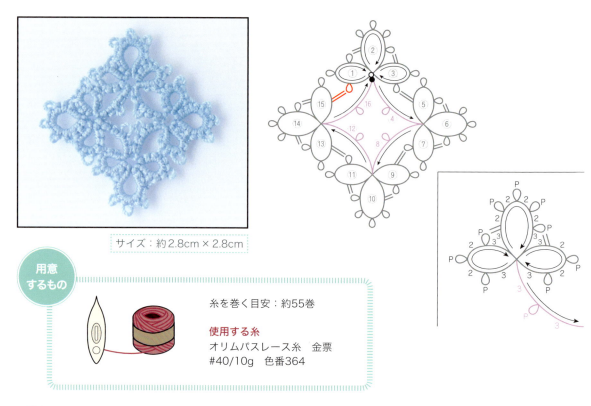

サイズ：約2.8cm×2.8cm

## 用意するもの

糸を巻く目安：約55巻

**使用する糸**
オリムパスレース糸　金票
#40/10g　色番364

## How to

**①** リングのポジションで編む。1つ目のリングの目数を編み、糸輪を閉じる

**②** シャトルの糸を左手にかけ、2つ目のリングを編む。左親指と人差し指で、糸のかけ終わりと1つ目のリングを一緒に挟む。

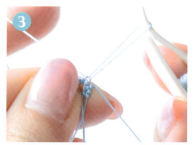

**③** 3DS編んだら1つ目のリングの最後のピコットからテンションの糸を引き出し、ピコットつなぎをする

❹
2つ目のリング・3つ目のリングと編み進めていく。図は3つ目のリングまで編んだところ

❺
❹をリバースして左親指・人差し指で挟み、糸玉の糸を左手にかける

❻
ブリッジを編む。リバースした3つのリングとの間に隙間ができないよう、1目めはテンションを強めに張りながら編む

❼
ブリッジを編んだらリバースする。リングが表面、ブリッジが裏面となる(ピコット部分で表裏を確認する)

❽
シャトルの糸を左手にかけ、4つ目のリング(左頁図案⑤のリング)を編む。左親指と人差し指で、糸のかけ終わりとブリッジを一緒に挟む

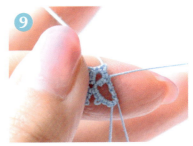
❾
3DS編んだら、3つ目のリングの最後のピコットからテンションの糸を引き抜き、ピコットつなぎする。❶〜❾を繰り返し、最後のリングの途中(❿)まで編む

❿
最後のリング、【3DS→ピコットつなぎ→2DS→P→2DS】まで編んだところ

⓫
最初のリングとつなぐため、W折りのピコットつなぎ(P25参照)をする。最初のリングを右親指・人差し指で挟む

⓬
手首を返しながらモチーフを起こす

次頁につづく➡

chapter 3 モチーフ編み〜アクセサリー仕立て

右親指・人差し指を持ち替えたら、もう一度手首を返し、モチーフを起こす。2度起こしたモチーフをテンションに重ねる

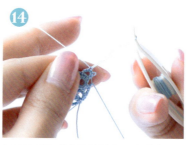
1つ目のリングの最初のピコットからテンションの糸を引き出し、引き出した糸輪にシャトルを通す

1つ目のリングとつながる（W折りのピコットつなぎ）。残りの3DSを編む

編み目を左親指・人差し指で挟みながら、シャトルの糸をゆっくり途中まで引く。最後まで引ききらず、少し開いておく

表面・裏面が揃うよう、最後のリングの目を整える（図は裏面）

目が整ったら糸輪をしっかり閉じる。糸輪が完全に閉じているか、表裏両方で確認する（糸が切れないよう注意）

最後のブリッジを編んだら、糸を約8cm残してシャトルと糸玉の糸をそれぞれ切る。シャトルにつながっていたほうの糸をモチーフの内側から表面にくぐらせる

編み始めの3つのリングとブリッジの部分にある輪から、くぐらせた糸をレース針で引き出す

引き出した糸ともう1本の糸を裏面で結び、糸始末をして完成（糸始末・仕上げはP31、32参照）

# カラーチャート

同じデザインのモチーフも、カラーによって雰囲気が異なります。季節や服、身につける場面などに合わせて制作できるのも、ハンドメイドの楽しさです。

❶ パステルミックス
オリムパスレース糸　金票　#40/10g
色番M10

❷ さくら
ダルマレース糸　紫野　#40/10g
色番5

❸ カーマインレッド
オリムパスレース糸　金票　#40/10g
色番121

❹ 紫陽花
オリムパスレース糸　金票　#40/10g
色番M12

❺ カーキブラウン
オリムパスレース糸　金票　#40/10g
色番815

❻ イエロー
オリムパスレース糸　金票　#40/10g
色番521

❼ 若草
ダルマレース糸　紫野　#40/10g
色番9

❽ スカイブルー&ホワイト
オリムパスレース糸　金票　#40/10g
色番364 & 色番801

❾ ピンク&カーキブラウン
オリムパスレース糸　金票　#40/10g
色番901 & 色番815

# バイカラースクエア

ブリッジのあるモチーフは、2色の糸で編むことができます。
シャトルと糸玉の糸を使って、2色使いのスクエアモチーフを編んでみましょう。

サイズ：約2.8cm × 2.8cm

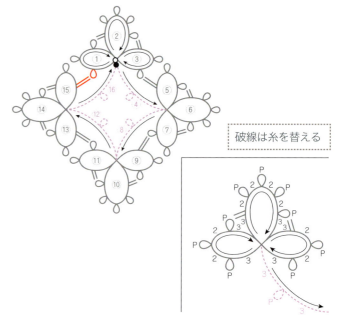

破線は糸を替える

### 用意するもの

糸を巻く目安：約55巻

**使用する糸**
シャトル：オリムパスレース糸　金票　#40/10g　色番521
糸玉（モチーフ中央のブリッジ部分に使用）
　　：ダルマレース糸　紫野　#40　色番9

### One point 気をつけよう！

隣り合わせになるブリッジとの間に隙間ができないように編むと、綺麗に仕上がります。ブリッジの最初のDSはしっかり詰めて編みましょう。

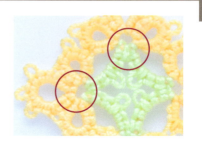

## How to

❶ シャトルの糸を左手にかけ、3つ目のリングまで編む

❷ ❶をリバースして左親指・人差し指で挟む

❸ リバースしたモチーフの上に糸玉の糸をのせ、一緒に挟む（糸始末のため糸玉の糸先は8cmほど残しておく）

❹ 糸玉の糸を左手にかけ、ブリッジを編む

**Check!** 同じ色ならOK

ブリッジを1目編んだところ。左手にかけた糸の色がダブルステッチの目の色になっていれば、正しく編めている（ここでは黄緑色）

❺ ブリッジを編んだところ

❻ リバースする。シャトルの糸を左手にかけ、リングを編んでいく。P55〜56と同様にリングやリバース、ブリッジを繰り返し、最後まで編む

❼ 最後のブリッジまで編んだら、シャトルの糸、糸玉の糸、それぞれ約8cm残して切る

❽ 裏面 裏面、同じ色の糸同士を結び、糸始末をする（糸始末・仕上げはP31、32参照）。リング面が広いモチーフなので、リング部分の表をモチーフの表面とする（写真は裏面）

# スクエアの耳飾り

スクエアモチーフに輝きをプラスして、エレガントな雰囲気の耳飾りを作ってみましょう。

## Tool

❶ スクエアモチーフ .............................2つ
オリムパスレース糸　金票　#40/10g
色番194

❷ 樹脂ノンホールピアス .......................1組
パーツクラブ PT-302463-G5
丸玉2mmカン付

❸ クリスタル (6×3.6mm) ...................2個
パーツクラブ PC-300352-000-G5

❹ 丸カン (0.6×3.5mm) .......................8個
パーツクラブ PC-300067-G5

## How to

❶

ピコットが3つあるリングのうち、中央のピコットに丸カンを通す。クリスタルチャームも通して丸カンを閉じる

❷

❶でチャームを通したピコットと反対側のピコットに丸カンを通し閉じる

❸

モチーフが正面を向くよう、つなぐ丸カンの数で調節する。最後の丸カンに樹脂ノンホールピアス金具を通し閉じて完成

# スクエアピンブローチ

ストールに彩りをそえたり、バッグのポイントにも使えるピンブローチ。贈り物にしても喜ばれるアクセサリーです。

### Tool

❶ スクエアモチーフ .......................... 1つ
オリムパスレース糸　金票　#40/10g
色番335

❷ カブトピン .......................... 1個
パーツクラブ EU-00036-R 53mm

❸ キュービックジルコニア .......................... 1個
パーツクラブ EU-02047-R

❹ 丸カン (0.6×4mm) .......................... 2個
パーツクラブ PC-300068-R

## How to

モチーフのピコットとカブトピンの円部分に丸カンを通して閉じる

ジルコニアパーツとカブトピンを丸カンでつなぎ、閉じて完成

# りぼん

パズルのように連なる「りぼん」。
リングとブリッジの間に隙間ができないよう、気をつけながら編んでみましょう。

サイズ：直径約2.4cm

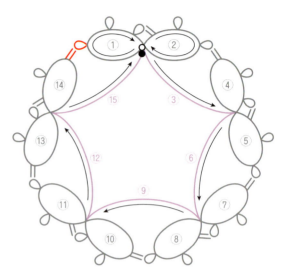

## One point

飾り（模様）となるピコット

ピコットつなぎをするピコット

ピコットつなぎをするピコットは、小さめに作るとつなぎ目がキレイに仕上がる

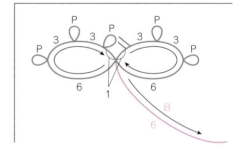

### 用意するもの

糸を巻く目安：約50巻

**使用する糸**
オリムパスレース糸　金票　#40/10g　色番M10

## How to

**①**

最初のリングを編む
【6DS→P→3DS→P→3DS→P→1DS】

**②**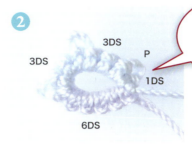

糸輪をしっかり閉じる

飾り（模様）となるピコットは1つのリングにつき1つある。同じ大きさのピコットを作ると仕上がりがキレイ

**③**

2つ目のリングを編む。1つ目のリングの閉じ目を親指と人差し指で押さえ、シャトルの糸を左手にかける

**④**

2つ目のリングの1目を編んだところ。1つ目のリングとの間に隙間ができないように編む

1つ目のリングの最後の目に、2つ目のリングの最初の目を重ねるようなイメージ

**⑤**

ピコットつなぎ（P24参照）をして左隣のリングとつなぐ

**⑥**

必要な目数を編み、糸輪を閉じたらリバースする

**⑦**

リバースしたものを左親指と人差し指で押さえ、糸玉の糸を左手にかけてブリッジを編む

**⑧**

ブリッジを編んだところ。リングとブリッジの間に隙間ができないように編む

次頁につづく➡

chapter 3 モチーフ編み～アクセサリー仕立て

リバースする

ブリッジを左親指と人差し指で押さえ、シャトルの糸を左手にかけ、リングを編む

編み進めていき、リング最後のピコット手前まで編む

編み始めのリングを右親指と人差し指で挟み、W折りのピコットつなぎ（P25参照）をする

W折りのピコットつなぎをしたら、残りの6DSを編む

途中まで糸輪を閉じ、表裏の編み目を整える

編み目を整えたら糸輪をしっかり閉じる。リバースして、最後のブリッジを編む。編み終えたら、シャトルと糸玉の糸、両方を約7cm残して切る

最初のリボンの間（リングとブリッジの間）から、カットしたシャトル側の糸を表面から裏面へ引き出す

裏面で糸始末をして完成（糸始末・仕上げはP31、32参照）

# りぼんとフラワーの耳飾り

りぼんモチーフにフラワーチャームを合わせた耳飾り。
フラワーのカラーやチャームを変えて、お好みの耳飾りを作ってみましょう。

## Tool

1. りぼんモチーフ .................... 2つ
2. イヤリング金具 .................... 1組
   パーツクラブ PC-300319-G5
3. フラワーパーツ .................... 2個
   パーツクラブ PT-302749-PK
4. 丸カン (0.6×3.5mm) ............ 6個
   パーツクラブ PC-300067-G5

## How to

❶ りぼん模様の中心の輪に丸カンとフラワーチャームを通す。モチーフとチャームの表面が同じ方向を向くように気をつける

❷ 丸カンをしっかり閉じる

❸ ピコットつなぎ部分に丸カンを通し、❷が正面を向くよう、イヤリング金具に丸カンでつなぎ完成

# 雪華 -ゆきはな-

ビーズを編みこんだ、雪の結晶のようなモチーフ。
細やかなモチーフなので、レース糸が割れないように編んでいきましょう。

サイズ：約1.8cm×1.7cm

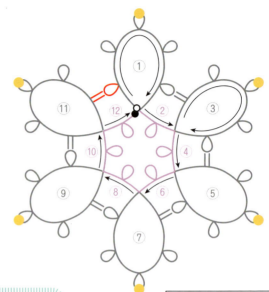

### 用意するもの

糸を巻く目安：約45巻

**使用する糸**
オリムパスレース糸　金票　#40/10g　色番335

ビーズ：ボヘミアンビーズ　丸小..................6個
　　　　パーツクラブ CB-18304

レース糸にビーズ（6個）を事前に通しておく。

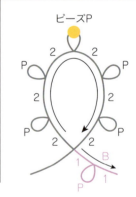

### One point 気をつけよう！

「W折りのピコットつなぎ」をしたとき、小さなモチーフになるほど絡まったように見えるかもしれませんが、正しくつながっていれば表裏は揃います。焦らず面を整えましょう。

## How to

① シャトルにレース糸を約35回巻いたら、ビーズを1つ残して5個をシャトル側に移動させる。そのまま、さらにシャトルに糸を約10回巻きつける

② 最初のリングを編む。ビーズを1つ左手甲側に移動させ、糸をかける

③【2DS→P→2DS→P→2DS】を編んで、ビーズをダブルステッチの横に移動させる

④ ビーズの横にダブルステッチを編み、ビーズを固定する。残りの目を編んでリングにする【1DS→P→2DS→P→2DS】

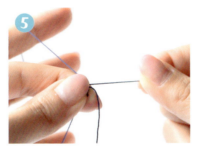

⑤ ④をリバースして左親指・人差し指で挟み、糸玉の糸を左手にかけてブリッジを編む

⑥ 最初のブリッジを編んだところ。リングとブリッジの間に隙間ができないように編む

⑦ ⑥のブリッジをリバースし、左親指・人差し指で挟む。2つ目のリングを編む。シャトルからビーズを1つ引き出しシャトルの糸を左手にかける

**POINT** 1つ目のリングと同様、必要になるまではビーズを左手甲側に移動させておく

⑧ 2DSを編み、1つ目のリングの最後のピコットとピコットつなぎをする

次頁につづく➡

【2DS→P→2DS】を編み、ビーズを移動させる

ビーズの隣にダブルステッチを編み、ビーズを固定する

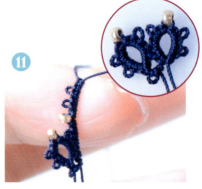

残りの目数を編んで、リングにする
【1DS→P→2DS→P→2DS】
2つ目のリングの完成

リバースして、ブリッジを編む。ブリッジを編んだら再びリバースして、3つ目のリングを編んでいく

この工程を繰り返し、最後のリング・W折りのピコットつなぎ部分まで編む

W折りのピコットつなぎをする。1つ目のリングを右親指・人差し指で挟み、手首のひねりを返しながら、リングを起こす(1回目)

右親指・人差し指を持ち替え、起こしたリングを挟む

再度手首のひねりを返しながらリングを起こし、テンションに1つ目のリングの最初のピコットを重ねる(2回目)

ピコットからテンションの糸を引き出し、シャトルを通して残りの2DSを編む

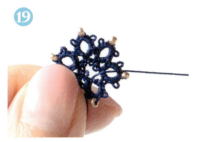

⑱ 編み目を押さえながら糸輪を途中まで閉じる

⑲ 表裏を整えたら、糸輪をしっかり閉じ、最後のブリッジを編む

⑳ シャトルと糸玉の糸を約8cm残してカットする。シャトル側の糸を最初のリング・表面から裏面へ引き出し、裏面で糸始末をする（糸始末・仕上げはP31、32参照）

## One point 表面と裏面の違い

リングの面が多いモチーフなので、リング部分が表目となっているほうを表面とすること（P11参照）。

表面

ピコットで確認する

裏面

ピコットの根元に縦の糸すじが入る

# 雪華 - ゆきはな - の耳飾り

紫陽花色の糸で編んだ「雪華 - ゆきはな -」。雪の結晶らしさを感じる色合いです。日常使いやフォーマルにも楽しめるので、レース糸やビーズの色を変えて、お好みの組み合わせで作ってみましょう。

### Tool

❶ 雪華-ゆきはな-モチーフ ............... 2つ
　糸：オリムパスレース糸　金票　#40/10g
　色番M12
　ビーズ：ボヘミアンビーズ 丸小12個
　パーツクラブ CB-18503
❷ イヤリング金具 ............................ 1組
　パーツクラブ PC-300319-R
❸ エアーパール（ホワイト）............... 2個
　トーホー株式会社 No.500 6mm
❹ 9ピン（レヴェ0.6）...................... 2本
❺ 丸カン（0.6×3.5mm）................. 4個

### How to

❶ エアーパールのつなぎパーツを作る（P35参照）

❷ モチーフのビーズに丸カンを通す。❶のパールパーツも通し、丸カンを閉じる

❸ エアーパールのつなぎ部分に丸カンを通し、イヤリング金具とつなぎ、閉じて完成

# 雪華-ゆきはな-のネックレス

輝くチャームと合わせて、可愛らしいネックレスに仕上げてみましょう。

## Tool

- ❶ 雪華-ゆきはな-モチーフ ...................... 1つ
  糸：オリムパスレース糸　金票　#40/10g
  色番M10
  ビーズ：ボヘミアンビーズ 丸小 ............ 6個
  パーツクラブ CB-18503
- ❷ メタルフープ（六角） ............................ 1個
  パーツクラブ PC-301659-R
- ❸ クリスタル ................................................ 1個
  パーツクラブ PC-300030-000-R
- ❹ 丸カン（0.6×3.5mm） ............................ 3個
  パーツクラブ PC-300067-R
- ❺ ネックレス（50cm＋アジャスター5cm）.... 1個
  パーツクラブ NH-50031-R

## How to

❶

モチーフのビーズ部分に丸カンを通して閉じる。新しい丸カンでフープ（六角）とつなぎ、閉じる

❷

丸カンにメタルフープ（六角）とクリスタルパーツを通す

❸

❷の丸カンにネックレスチェーンを通し閉じて完成

# クローバー

中心に4枚の葉の模様があるモチーフ。レース糸を巻いたシャトルを2つ使って編みます。本書ではわかりやすいように、2つのシャトルの糸色を変えています。

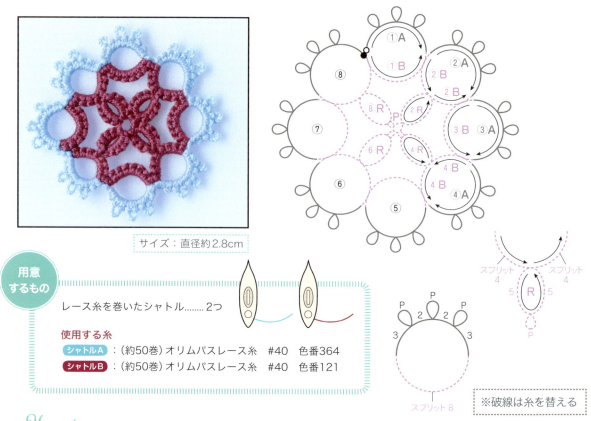

サイズ：直径約2.8cm

※破線は糸を替える

### 用意するもの

レース糸を巻いたシャトル........2つ

**使用する糸**
- シャトルA：（約50巻）オリムパスレース糸 #40 色番364
- シャトルB：（約50巻）オリムパスレース糸 #40 色番121

## How to

**❶** シャトルA の糸を左手にかけ、リングを編む。【3DS→P→2DS→P→2DS→P→3DS】まで編んだところ

**❷** 左手にかけた糸輪を一度外し、上下逆さまに持ち替えて左手にかけ直す。❶で編んだピコットが右側にあれば正しい

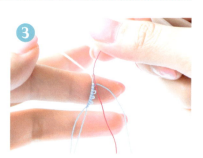

**❸** 最初の編み目の糸端と シャトルB の糸端を重ねる

2つの糸と最初の編み目を左親指・人差し指で挟み、スプリット編み（P26参照）をする。左手のテンションに対し、【裏目→表目】の順に編む

スプリット編み（P26参照）は、裏目編みも表目編みもテンションに対してシャトルの糸を渡さない

シャトルB で糸を渡さず編んだ裏目をシャトルA の最初の糸目の横に移動させ、続けて表編みをする

表目編みも、テンションに対し糸をわたさない

【裏目→表目】でスプリット編みの1目が完成

続けて7目スプリット編みをする。目の数え方が難しいので、裏目→表目で「1目」と数えながら編んでいく

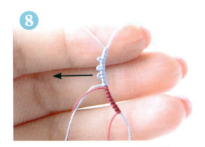

左手の糸輪を持ち替える。シャトルA で編んだ最後の目が一番上にくるように持つ。ピコットが左側（通常のリングの状態）にあれば正しい

編み目を左親指・人差し指で挟み、ゆっくりシャトルA の糸を引いて糸輪を閉じる

1つめのリングの完成

次頁につづく➡

⑩のリングを左親指・人差し指で挟み、シャトルAの糸を左手にかける。2つ目のリングを編んでいく。シャトルAで編むときは普通のダブルステッチなので、糸を渡しながら編む

1つ目のリングとの間に隙間ができないよう、最初の目をつめて編む

①～⑫を繰り返して編み進める。2つ目のリングはスプリット編みを4目編む

左手の糸輪を持ち替える。ピコット（シャトルAで編んだ部分）が左側にあれば正しい。図の向きのまま、左の糸輪を外す

シャトルBの糸を左手にかけ、左親指・人差指でシャトルBで編んだ最後の目と一緒に挟む

シャトルBでリングを編んでいく【5DS→P→5DS】。4mmほどの小さなピコットを作っておくと、全体のバランスが綺麗に仕上がる

シャトルBの糸をゆっくりと引き、⑯の糸輪を閉じる

図のように左手の糸輪を持ち替える。⑰で作ったリングが右側にあれば正しい

続けて、シャトルBで【裏目編み→表目編み】の順にスプリット編みを進める。⑰のリングの根元に目をしっかり寄せて編み、隙間を作らないようにする

⑳ スプリット編みを4目編む

㉑ 左手の糸輪を持ち替える。ピコットやリングが左側にあれば正しい

㉒ 左親指・人差し指で編み目を押さえながら、シャトルAの糸をゆっくり引いて糸輪を閉じる

㉓ 2つ目のリングの完成

㉔ 3つ目のリング以降も編んでいく。4つ目のリングの途中・⑯の工程で5DSを編んだら、2つ目のリングのピコットにピコットつなぎをする。ピコットつなぎをしたら、残りの目をこれまで同様に編み進める

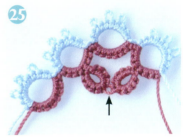

㉕ 4つ目のリングの完成。6つ目・8つ目のリングも同じように、中心のピコットにピコットつなぎをする

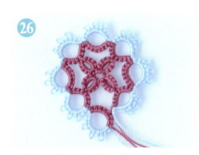

㉖ 最後(8つ目)のリングまで編み進める

㉗ 裏面。同じ色糸同士を結び、糸始末をして完成(糸始末・仕上げはP31、32参照)

表面

chapter 3 モチーフ編み〜アクセサリー仕立て 75

# クローバーの耳飾り

幸運の象徴とされるクローバー。ラッキーアイテムの耳飾りに仕上げてみましょう。

**Tool**

① クローバーモチーフ .................... 2つ
　ダルマレース糸　紫野　#40　色番9
② イヤリング金具 ........................... 2個
　パーツクラブ PC-300319-R
③ 丸カン (0.6×3.5mm) ................ 4個
　パーツクラブ PC-300067-R

**How to**

① クローバーモチーフのピコット（3つのピコットのうち真ん中のピコット）に丸カンを通し、閉じる

② 新しい丸カンで、イヤリング金具と①の丸カンをつないで閉じて完成

# 華とクローバー

モチーフ同士を編みつなげると、作品の雰囲気も変わります。
ここでは「Little Flowers」の一部と「クローバー」をつなぎあわせたものをご紹介します。

サイズ：約4cm×2.8cm

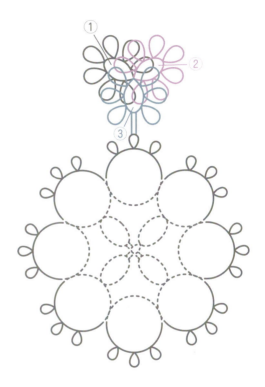

### 用意するもの

糸を巻く目安：約15巻

**使用する糸**
オリムパスレース糸　金票　#40/10g　色番M10

クローバーモチーフ（P72参照）............1つ
　糸始末だけしたもの。糊付けやアイロンは
　モチーフ同士を　組み合わせてから行う

次頁につづく➡

## How to

①
シャトルの糸で、花モチーフを2つ編む。クローバーにつなぐ花モチーフは小さめのピコットのほうがバランスがいい

②
3つ目のピコットまで編む
【1DS→P→1DS→P→1DS→P→1DS】

③
テンションの上に、クローバーモチーフのピコット（真ん中のピコット）を重ねる。テンションの糸を引き出し、ピコットつなぎをする

④
続けて最後の目まで編む
【1DS→P→1DS→P→1DS→P→1DS】

⑤
左親指・人差し指で編み目を押さえながら、シャトルの糸をゆっくり引き、糸輪を閉じる

⑥
裏面で糸始末をして、モチーフの完成（糸始末・仕上げはP31、32参照）

特別な日に身につけた耳飾り。
アクセサリー金具を外してフレームにおさめると、
思い出深いインテリアとして楽しむことができるでしょう。
タティングレース・アクセサリーならではの保管方法です。

# 華とクローバーの耳飾り

幸せの象徴とされる「クローバー」を見つけた人の願いが「華」開きますように。
そんな想いを込めた耳飾り。ドレスアップする場面や、和装の場面にもオススメのアイテムです。

## Tool

❶ 華とクローバーモチーフ ................ 2つ
　オリムパスレース糸　金票　#40/10g
　色番M10
❷ イヤリング金具 ............................... 2個
　パーツクラブ PC-300319-R
❸ 丸カン（0.6×3.5mm）.................... 4個
　パーツクラブ PC-300067-R

## How to

❶ 耳飾り金具をつけたとき、クローバーモチーフ中央のバランスが良さそうな花のピコットに丸カンを通して閉じる

❷ 新しい丸カンでイヤリング金具と❶の丸カンをつなぎ、閉じて完成

撮影・スタイリング　ようこ
**Website :** http://www.grandjete45.jp
**Instagram :** https://www.instagram.com/grandjete45/
**Twitter :** https://twitter.com/grandjete457
**minne:** https://minne.com/@ko-ko745

協力　　fiore Iris　ゆうこ

本書に掲載されている作品を複製し販売することは禁止されています。
個人的な利用範囲でお楽しみください。

## おとなかわいい
## タティングレースでつくる ハンドメイドアクセサリー

2018年　9月30日　初版　第1刷発行

| | |
|---|---|
| 著者 | ようこ |
| 装幀 | スズキフサコ |
| 発行人 | 柳澤淳一 |
| 編集人 | 福田清峰 |
| 発行所 | 株式会社ソーテック社 |
| | 〒102-0072　東京都千代田区飯田橋 4-9-5　スギタビル 4F |
| | 電話（注文専用）03-3262-5320　FAX03-3262-5326 |
| 印刷所 | 大日本印刷株式会社 |

©2018 Yoko, Printed in Japan
ISBN978-4-8007-3016-9

本書の一部または全部について個人で使用する以外、著作権上株式会社ソーテック社および著作権者の承諾を得ずに無断で複写・複製することは禁じられています。
本書に対する質問は電話では一切受け付けておりません。内容の誤り、内容についての質問がございましたら、切手を貼った返信用封筒を同封の上、弊社までご送付ください。
乱丁・落丁本はお取り替え致します。
本書の制作にあたっては、正確な記述に努めていますが、内容に誤りや不正確な記述がある場合も、著者および当社は一切責任を負いません。

本書のご感想・ご意見・ご指摘は
http://www.sotechsha.co.jp/dokusha/
にて受け付けております。Web サイトではご質問は一切受け付けておりません。